Demonstração e interpretação

Demonstração e interpretação
Tiago Tranjan

FILOSOFIAS: O PRAZER DO PENSAR
Coleção dirigida por
Marilena Chaui e Juvenal Savian Filho

wmf **martinsfontes**
São Paulo 2015

*Copyright © 2015, Editora WMF Martins Fontes Ltda.,
São Paulo, para a presente edição.*

1ª edição 2015

Edição de texto
Juvenal Savian Filho
Acompanhamento editorial
Helena Guimarães Bittencourt
Revisões gráficas
Letícia Braun, Marisa Rosa Teixeira
Edição de arte
Katia Harumi Terasaka
Produção gráfica
Geraldo Alves
Paginação
Moacir Katsumi Matsusaki

**Dados Internacionais de Catalogação na Publicação (CIP)
(Câmara Brasileira do Livro, SP, Brasil)**

Tranjan, Tiago
  Demonstração e interpretação / Tiago Tranjan. – São Paulo :
Editora WMF Martins Fontes, 2015. – (Filosofias : o prazer do
pensar / dirigida por Marilena Chaui e Juvenal Savian Filho)

  ISBN 978-85-7827-927-1

  1. Demonstração (Filosofia) 2. Filosofia política 3. Interpretação
(Filosofia) I. Chaui, Marilena. II. Savian Filho, Juvenal. III. Título.
IV. Série.

14-13323   CDD-100

Índices para catálogo sistemático:
1. Demonstração e interpretação : Conceitos : Filosofia 100
1. Interpretação e demonstração : Conceitos : Filosofia 100

Todos os direitos desta edição reservados à
Editora WMF Martins Fontes Ltda.
*Rua Prof. Laerte Ramos de Carvalho, 133 01325-030 São Paulo SP Brasil
Tel. (11) 3293-8150 Fax (11) 3101-1042
e-mail: info@wmfmartinsfontes.com.br http://www.wmfmartinsfontes.com.br*

SUMÁRIO

Apresentação • 7
Introdução • 9

1 A demonstração – esperança de certeza • 15
2 A dedução – palavras por trás da mágica • 24
3 As verdades primeiras – dúvidas e certezas • 33
4 Conclusão – Um mundo de palavras • 46

Ouvindo os textos • 51
Exercitando a reflexão • 61
Dicas de viagem • 65
Leituras recomendadas • 68

APRESENTAÇÃO
Marilena Chaui e Juvenal Savian Filho

O exercício do pensamento é algo muito prazeroso, e é com essa convicção que convidamos você a viajar conosco pelas reflexões de cada um dos volumes da coleção *Filosofias: o prazer do pensar*.

Atualmente, fala-se sempre que os exercícios físicos dão muito prazer. Quando o corpo está bem treinado, ele não apenas se sente bem com os exercícios, mas tem necessidade de continuar a repeti-los sempre. Nossa experiência é a mesma com o pensamento: uma vez habituados a refletir, nossa mente tem prazer em exercitar-se e quer expandir-se sempre mais. E com a vantagem de que o pensamento não é apenas uma atividade mental, mas envolve também o corpo. É o ser humano inteiro que reflete e tem o prazer do pensamento!

Essa é a experiência que desejamos partilhar com nossos leitores. Cada um dos volumes desta coleção foi concebido para auxiliá-lo a exercitar o seu pensar. Os temas foram cuidadosamente selecionados para abordar os tópicos mais importantes da reflexão filosófica atual, sempre conectados com a história do pensamento.

Assim, a coleção destina-se tanto àqueles que desejam iniciar-se nos caminhos das diferentes filosofias como àqueles que já estão habituados a eles e querem continuar o exercício da reflexão. E falamos de "filosofias", no plural, pois não há apenas uma forma de pensamento. Pelo contrário, há um caleidoscópio de cores filosóficas muito diferentes e intensas.

Ao mesmo tempo, esses volumes são também um material rico para o uso de professores e estudantes de Filosofia, pois estão inteiramente de acordo com as orientações curriculares do Ministério da Educação para o Ensino Médio e com as expectativas dos cursos básicos de Filosofia para as faculdades brasileiras. Os autores são especialistas reconhecidos em suas áreas, criativos e perspicazes, inteiramente preparados para os objetivos dessa viagem pelo país multifacetado das filosofias.

Seja bem-vindo e boa viagem!

INTRODUÇÃO

Duas pessoas debatem um assunto controverso. Em certo momento, uma delas diz: "Mas isso já foi cientificamente demonstrado!" Com essa afirmação, parece ter dado a cartada final, o xeque-mate que encerra de uma vez por todas a questão em disputa. Será mesmo?

Antes de assumir qualquer posição, é necessário compreender o que se passa. No caso, devemos compreender o que é uma demonstração. De onde ela parte? Onde chega? De onde extrai sua força, e quais os limites de sua validade? Em resumo, devemos compreender corretamente o que uma demonstração – e em particular a demonstração científica, que tamanha importância assumiu nos dias de hoje – *pode* nos oferecer. E aquilo, é claro, que ela *não pode* nos oferecer.

Muitas demonstrações importantes, ou intrigantes, aparecem ao longo da história do pensamento humano. Por exemplo, a demonstração do teorema de Pitágoras; as inúmeras demonstrações da existência de

Deus; a demonstração de que todo movimento é impossível ou aparente, tal como propôs Zenão de Eleia (490-430 a.C.) etc. Qual o valor exato de cada uma delas? Vamos dar uma olhada breve na última demonstração mencionada, recorrendo para isso a uma de suas formulações mais pitorescas.

Aquiles, o herói veloz e orgulhoso, aposta uma corrida com a tartaruga. O perdedor terá de pagar 100 dracmas ao vencedor. Como é muito rápido, e a tartaruga muito lenta, Aquiles aceita conceder certa vantagem inicial à sua adversária. Virando-se para ela, exclama satisfeito: "Em um piscar de olhos, eu já terei te ultrapassado!" Para sua surpresa, porém, a tartaruga não se perturba, e simplesmente responde: "Você nunca me ultrapassará." Para explicar essa afirmação misteriosa, ela faz o seguinte raciocínio: "Veja só, Aquiles. Para me ultrapassar, primeiro você terá de chegar ao ponto da pista onde eu comecei, certo? Quando você alcançar esse ponto, porém, eu já estarei mais à frente. Então, se você quiser realmente me ultrapassar, terá de chegar ao novo ponto que alcancei. Mas, quando chegar lá, novamente eu já terei andado um pouco, novamente estarei à sua frente. E, por mais lenta que eu seja, a história sempre vai se repetir: quando você chegar onde eu estava, eu já estarei um pouco à frente. Portanto, você nunca me alcançará. Eis o que eu queria demonstrar." Aquiles está perplexo. A tartaruga não perde tempo: "Como tenho bom coração, e percebo que você não pensou direito antes de fazer a aposta, aceito receber apenas metade do valor combinado, sem que precisemos correr e gastar desnecessariamente nossa energia." Aquiles coça a cabeça e, após refletir algum tempo, acaba por aceitar essa última proposta. A demonstração da tartaruga, afinal, parece perfeita. Ele jamais conseguirá ultrapassá-la!

O que há de errado aqui? Nós sabemos que é perfeitamente possível ultrapassar alguém que esteja correndo mais lentamente do que nós, mesmo que essa pessoa comece um pouco à frente. No entanto, a tartaruga parece ter *demonstrado* que isso é impossível. Ela forneceu uma sequência de argumentos que parecem confirmar, de forma clara e inequívoca, sua afirmação. Diante desses argumentos, sentimo-nos quase forçados a concordar com ela, embora saibamos que isso é absurdo. Na verdade, somos colocados na seguinte situação: ou encontramos uma falha no que ela está dizendo – o ponto exato em que discordamos de sua argumentação –, ou parece que não somos mais capazes de dar uma forma lógica à realidade, o que significa que não conseguimos mais falar do mundo de maneira compreensível e sensata. A nossa experiência parece entrar em conflito com o modo como somos capazes de descrever e articular essa experiência na linguagem. (Conta-se que, certa vez, quando Zenão acabava de expor uma de suas belas demonstrações, segundo a qual todo movimento é impossível, o interlocutor atirou-lhe um balde d'água na cara, exclamando: "Portanto, o movimento é possível!")

Acontece que seres humanos estão imersos em palavras. Assim como os outros animais, o homem está no mundo. Mas, diferentemente dos outros animais, ele criou um mundo de palavras; recortou seu mundo com palavras; já não pode distinguir com clareza o mundo das muitas palavras que usa para falar dele. Eis a razão por que não conseguimos nos conformar com a situação citada, em que a realidade parece entrar em conflito com a maneira usual de usar as palavras. Somos compelidos a entender o que se passa, e a encontrar na demonstração da tartaruga o momento exato em que o discurso sai do trilho.

Palavras, porém, são coisas estranhas. Costumamos dizer que elas têm "significado". Mas o significado não é algo que esteja nelas como um bombom dentro da caixa. Não podemos abrir uma palavra e encontrar ali seu significado, bem protegido, pronto para ser consumido. Palavras precisam ser *interpretadas*. Apenas uma interpretação adequada das demonstrações de Zenão poderá desvendar o efeito tão misterioso que elas causam. Antes de seguir este livro, então, retorne um momento à demonstração com que a tartaruga ludibriou o pobre Aquiles. Examine-a de perto, passo a passo, vendo se você concorda com a sequência das afirmações. Melhor: veja se você é capaz de compreender claramente as afirmações feitas, e o encadeamento entre elas. Muito embora o discurso da tartaruga pareça simples, e mesmo fácil de compreender, a tarefa é bastante traiçoeira. Muita gente boa já perdeu o pé, e a cabeça, tentando enfrentá-la. Tente fazer isso sem a dica que está no próximo parágrafo.

Agora uma dica preciosa, que vale muito mais do que 100 dracmas: veja se você consegue interpretar com suficiente clareza a palavra "sempre".

1. A demonstração – esperança de certeza

Mas o que é, exatamente, uma demonstração?

Aristóteles (384-322 a.C.) foi um dos primeiros pensadores a tratar essa questão de maneira sistemática. Sua abordagem continua, até hoje, extremamente influente. Para ele, a demonstração é "uma dedução que produz conhecimento". Parece uma definição simples, mas não se engane: a aparência inofensiva esconde ideias bastante sofisticadas. Esconde, na verdade, todo um modelo de fazer ciência. Não à toa o termo *epistéme* (conhecimento), na definição dada, é muitas vezes traduzido como "ciência" ou "conhecimento científico". Tentemos entender o que se passa.

Suponhamos que nosso objetivo seja descrever a realidade. Para isso, teremos de usar uma forma linguística específica, chamada de "proposição". As proposições são enunciados que se caracterizam por fazer uma afirmação a respeito da realidade (ou algo que possamos tratar de maneira semelhante à realidade, como um mundo fictício). Basta percorrer um livro – qualquer livro – e encontraremos, a todo momento, um sem-número de proposições. "Todas as cartas de amor são ridículas", "No meio do caminho tinha uma pedra", "O senhor tem uma escavação no pulmão esquerdo" são exemplos de proposições. É possível identificá-las pela seguinte marca comum: a possibilidade de serem verdadeiras ou falsas. Não importa se nós sabemos, efetivamente, determinar sua verdade; o que importa é que faz sentido perguntar por ela. Por exemplo: "É verdade que todas as cartas de amor são ridículas?" Nós compreendemos casos em que tais enunciados poderiam ser falsos, e casos em que poderiam ser verdadeiros. Quando isso acontece, estamos diante de uma proposição.

Perceba que nem sempre é assim. Há vários enunciados que não estão colocados no espaço da verdade e da falsidade. Perguntas e provocações, como "Quem construiu Tebas de Sete Portas?" ou "E agora, José?", não são verdadeiras nem falsas (embora possam ser interessantes, aborrecidas, impertinentes...). O mesmo vale para ordens, como "Acostuma-te à lama que te espera!" ou "Não mate a árvore!", que também não são verdadeiras nem falsas. Uma proposição, porém, sempre abre essas duas possibilidades. Isso acontece justamente porque ela busca descrever o mundo. Algumas proposições são aceitas como boas descrições, e são ditas "verdadeiras"; outras não têm a mesma sorte, e são ditas "falsas".

Mas isso não é tudo. Diferentes proposições podem apresentar relações entre si. Em um diálogo, por exemplo, costumam aparecer muitas proposições. E se os interlocutores não forem loucos é quase certo que essas proposições manterão algum tipo de nexo entre si. Releia o diálogo entre Aquiles e a tartaruga, apresentado na introdução deste livro. Ele é inteiramente composto de proposições. Consideremos as duas primeiras: "Em um piscar de olhos, eu já terei te ultrapassado!" e "Você nunca me ultrapassará." Elas estão obviamente relacionadas entre si. No caso, essa relação assume uma forma bastante forte: se uma das proposições é verdadeira, a outra é falsa, e vice-versa! Em outras palavras, não é possível que ambas sejam verdadeiras (embora possam ser ambas falsas).

As conexões entre proposições podem ser de muitos tipos. Anteriormente encontramos uma situação particularmente relevante: quando a relação entre duas proposições é também uma relação entre a verdade e a falsidade de cada uma delas. Esse tipo de relação é muito importante por dois motivos. Em primeiro lugar, porque frequentemente estamos interessados na verdade ou falsidade de uma proposição (como já vimos, é essa possibilidade de ser verdadeira ou falsa que caracteriza a própria noção de proposição). Em segundo lugar, porque esse é o tipo de relação que nos permite *argumentar*.

Quando argumentamos, estamos interessados em estabelecer a verdade de alguma proposição. Para isso, temos de nos apoiar em outras proposições que possam nos ajudar a resolver essa tarefa. No diálogo entre Aquiles e a tartaruga, havia uma dúvida: Aquiles vai rapidamente ultrapassar a tartaruga (opinião de Aquiles), ou nunca vai ultrapassá-la (opinião da tartaruga). Qual das duas proposições é verdadeira? Para convencer Aquiles do seu ponto de vista, a tartaruga argumenta. Por meio de outras proposições, e das relações que elas mantêm entre si, ela tenta mostrar que sua afirmação, embora inicialmente estranha, é verdadeira.

Também os argumentos são de muitos tipos. Mas existe um que é especialmente poderoso: aquele a que chamamos de "dedução". Uma dedução é uma sequência de proposições encadeadas de tal maneira que, se as primeiras forem verdadeiras, a última *tem de ser verdadeira*. Novamente, um exemplo ajudará a entender o que se passa. Eis aqui uma das deduções mais típicas: "Todas as cartas de amor são ridículas" e "Eu escrevi uma carta de amor"; portanto, "Eu escrevi uma carta ridícula". Logo, temos um conjunto de três proposições. As duas primeiras são chamadas de premissas da dedução, a última é sua conclusão. O que importa, aqui, não é se as premissas são verdadeiras ou falsas, mas o fato de que, *se* elas forem verdadeiras, *então* a conclusão também tem de ser verdadeira. É muito importante, nesse sentido, fazer a seguinte distinção, que costuma confundir muita gente: proposições podem ser verdadeiras ou falsas, mas uma dedução é *válida* ou *inválida*. Deduções válidas são aquelas que preservam a verdade, transmitindo-a das premissas para a conclusão. Podemos dizer, então, que a dedução é uma forma de caminhar de verdade em verdade, de tal modo que a verdade de certas proposições (as premissas) possa garantir a verdade de outras proposições (as conclusões).

Agora estamos finalmente em condições de explicar a definição dada por Aristóteles para "demonstração", como "uma dedução capaz de produzir conhecimento".

Por "conhecimento" – ou "ciência", que podemos tomar como uma forma altamente organizada e rigorosa de conhecimento – costumamos entender algum modo de apropriação do verdadeiro. Quando queremos conhecer o mundo, estamos interessados em descobrir como ele *verdadeiramente* é, ou seja, estamos interessados em encontrar conjuntos de proposições verdadeiras. Outra maneira, bastante geral – mas bastante precisa –, de dizer isso é simplesmente notar que as noções de "conhecimento" e de "verdade" encontram-se profundamente ligadas: a compreensão de cada uma delas terá de passar, de algum modo, pela compreensão da outra.

Na demonstração, tal como vislumbrada por Aristóteles, nós usamos a dedução para chegar ao conhecimento. Não é de admirar. Já sabemos que a dedução é uma maneira de "pular" de verdade em verdade. Parece natural, então, que ela seja usada para chegar ao conhecimento. Mais do que isso. Devido a seu extremo rigor lógico – se as premissas são verdadeiras, a conclusão *tem de ser verdadeira* –, ela surge como maneira privilegiada de chegar ao conhecimento mais qualificado que há. Um conhecimento que possa ser chamado de "ciência".

Foi assim, então, que a ideia de "demonstração" passou a ser compreendida desde a Antiguidade clássica: como um caminho logicamente rigoroso – um caminho *dedutivo* – para chegar ao conhecimento, em que a verdade da conclusão é garantida pela verdade das premissas. Correspondentemente, é assim que surge também uma imagem muito familiar de ciência: como organização logicamente rigorosa do conhecimento, segundo um modelo dedutivo em que as verdades mais elevadas de uma área de pesquisa – chamadas também de "axiomas" – servem de base para *demonstrar* os demais resultados.

Tudo estaria muito bem, portanto, não fosse apenas por dois problemas, que ainda precisam ser resolvidos. Talvez você já os tenha intuído. O primeiro deles é: como podemos encontrar as primeiras verdades que servem de base para as demonstrações? Como podemos encontrar os axiomas de uma ciência? Se a dedução apenas garante a passagem de uma verdade para outra, e se a demonstração é uma dedução que produz *conhecimento* – ou seja: dedução capaz de chegar a uma verdade –, nós precisamos estar seguros de que o ponto de partida seja verdadeiro, de que as premissas da demonstração sejam verdadeiras. A demonstração deveria garantir a certeza máxima, irrefutável. Mas ela apenas pode ser tão certa quanto as premissas utilizadas. De onde viria, contudo, a certeza das premissas? Se nos disserem que as premissas já foram demonstradas antes, o problema volta para o mesmo lugar. Para que as premissas sejam demonstradas, elas precisam de outras premissas, e assim por diante, indo cada vez mais para trás (ou para a frente). Mas em algum momento esse retorno, ou avanço, *tem de parar*. O termo "axioma", em certo sentido, é somente o nome que damos a esse ponto de parada. Qual será, então, sua verdadeira natureza? Prevalece aqui alguma confusão. Voltaremos a esse ponto mais adiante.

O segundo problema que precisamos examinar talvez seja ainda mais intrigante. Ele pode ser resumido na seguinte pergunta: qual a mágica por trás de uma dedução? Em outras palavras, uma pessoa mais curiosa, dessas que vão ao show de mágica e querem descobrir como o truque foi feito – em Filosofia, devemos sempre proceder assim –, talvez desejasse compreender as razões pelas quais uma dedução funciona, desvendando os mecanismos pelos quais, em uma dedução, a verdade das premissas pode garantir a verdade das conclusões. Dedicaremos o próximo capítulo a esse assunto.

2. A dedução – palavras por trás da mágica

Uma primeira pergunta que podemos fazer é: "Será que existe um catálogo com todas as deduções?" ou "Será que é possível fazer esse catálogo?"

Essa ideia esteve presente ao longo de toda a história da lógica. O próprio Aristóteles fez uma primeira tentativa. Sua lista de "silogismos" deveria conter todas as deduções válidas para conjuntos de duas premissas e uma conclusão, desde que as premissas e a conclusão apresentassem certa forma específica, que ele chamou de "forma categórica" da proposição. Como ele dá razões para acreditar que todas as proposições poderiam ser colocadas na forma categórica, essa lista poderia assumir o papel – embora as intenções de Aristóteles sejam muito debatidas entre especialistas – de uma lista completa de deduções.

No final do século XIX e começo do século XX, período muito fecundo e de grandes transformações para a lógica, a abordagem para o problema das deduções mudou bastante. A partir do trabalho de pensadores como Gottlob Frege (1848-1925) e Bertrand Russell (1872-1970), criaram-se novos esquemas de lógica formal, que pareciam ir muito além dos silogismos aristotélicos. Uma das motivações centrais desse movimento, porém, continuava a mesma, sendo alimentada justamente pela grande confiança que se criara em torno da nova lógica: o desejo de produzir um catálogo completo das deduções, que funcionasse como um perfeito "mapa" para caminhar pelo reino da verdade. Ali estariam todas as maneiras possíveis de transitar, com absoluta segurança, de uma verdade para outra. A posse de tal catálogo seria, sem dúvida, um instrumento valiosíssimo para o avanço do conhecimento humano.

Mas o que significa, exatamente, isto: transitar de uma verdade para outra? A própria imagem que usamos, ao falar em "mapa", dá a entender que se trata de captar as características de um terreno já bem determinado – o terreno da realidade. Assim, o trabalho da lógica consistiria em desvendar a estrutura básica do real, por meio de um sistema adequado de "formas", ou moldes linguísticos. As relações entre esses moldes linguísticos, por sua vez, deveriam corresponder às relações encontradas na realidade. Parece razoável. Contudo, por mais atraente e natural que essa concepção possa parecer, trata-se de uma maneira profundamente enganosa de ver a situação.

Para perceber isso, peguemos um típico molde, bem conhecido desde a Antiguidade: "Todo A é B." Falamos que ele é um molde porque, no lugar das letras *A* e *B*, podemos colocar muitas palavras diferentes, formando várias proposições diferentes, todas elas com a mesma "forma". Tentemos agora montar uma dedução a partir desse molde. Para isso, vamos repeti-lo duas vezes, mantendo em comum a letra *B*: "Todo A é B" e "Todo B é C." Não é difícil perceber que, a partir dessas duas premissas, podemos deduzir a seguinte conclusão: "Todo A é C." Não importa o que coloquemos no lugar das letras *A*, *B* e *C*, tem-se aqui uma dedução válida. De fato, esse é um dos silogismos aristotélicos, que na Idade Média chegou a receber até nome: *Barbara*.

Faça um teste. "Todo filósofo é nefelibata" e "Todo nefelibata é amigável". A conclusão, sem nenhuma dúvida, é que "Todo filósofo é amigável". Aqui, como já vimos, não importa se as duas premissas são verdadeiras. Aliás, não importa nem mesmo se você conhece o significado da palavra "nefelibata". O que importa é que, *se* as premissas forem verdadeiras (e seja qual for o significado de "nefelibata"), *então* a conclusão também será verdadeira. Você pode confiar – e todos nós confiamos, pela simples familiaridade que temos com a língua portuguesa – nesse jogo de formas. É uma dedução formal.

Mas voltamos, então, ao problema que nos preocupou no final do capítulo passado. Como posso saber que essa dedução funciona? Como é que eu posso saber que ela reproduz adequadamente o que se passa na realidade? Como posso estar seguro de que a verdade das premissas implica, forçosamente, a verdade da conclusão? Não conhecemos todos os filósofos para saber se eles são nefelibatas. De resto, a dedução não vale só para filósofos. Ela funcionaria igualmente se, no lugar de filósofos, colocássemos cientistas, protéticos ou marcianos. Mesmo assim, estamos sempre seguros acerca da validade dessa dedução. Ela serve como guia infalível para extrair conclusões a respeito da realidade, por mais que essa realidade se multiplique e se desdobre para além de todo alcance.

É aqui que aparece a mágica. A validade dessa dedução está para além de qualquer dúvida, não porque tenhamos alcançado algum conhecimento profundo a respeito da realidade, mas justamente porque, como dedução, ela não tem nada que ver com a realidade! E também não tem nada que ver com "a estrutura básica do real", o que quer que isso signifique. A validade dessa dedução baseia-se, unicamente, no modo como usamos as *palavras* para descrever a realidade. Nesse caso específico, boa parte do mistério está na palavra "todos". Aceita essa dedução quem compreende a palavra "todos", ou seja, quem aprendeu a usar corretamente essa palavra. E usá-la corretamente consiste exatamente nisto: perceber, entre outras coisas, que, se "Todo A é B" e se "Todo B é C", então "Todo A é C".

Para esclarecer e fixar esse ponto, façamos um exercício. Suponhamos o seguinte diálogo, entre um poeta e um professor. O poeta, bom conhecedor de seus colegas de profissão, afirma ao amigo: "Posso lhe garantir: todo poeta é um fingidor." Um pouco surpreso, o professor observa: "Mas todo fingidor é desonesto... Logo, todo poeta é desonesto!" Realmente, um perfeito silogismo *Barbara*, uma perfeita dedução. Mas o poeta está incomodado. Pensa alguns segundos e então exclama: "Ei! Espera aí! Eu não sou desonesto!" Inicia-se uma acalorada discussão. No final, os dois chamam um terceiro amigo, lógico de grande renome, e anunciam: "Meu caro, fizemos uma descoberta importantíssima, que vai abalar o mundo da lógica: apesar de todos esses séculos em que vem sendo usado com confiança, o silogismo *Barbara* é inválido!"

Não é absurdo esse anúncio? O absurdo reside em pensar que, a partir de uma situação como essa – de uma constatação a respeito da realidade – fosse possível mostrar que uma dedução é falsa. Mas é evidente que a dedução continua tão válida quanto antes. A partir de uma dificuldade, como aquela surgida entre o poeta e o professor, várias possibilidades se abrem: É possível concluir que a primeira premissa – "Todo poeta é um fingidor" – não é verdadeira. É possível concluir que a segunda premissa – "Todo fingidor é desonesto" – não é verdadeira. É possível concluir ainda outras coisas: que o poeta do diálogo é, sim, desonesto; ou que não é poeta... Mas uma coisa que não será concluída é a invalidade da dedução. E isso por um motivo muito simples: é assim que nós usamos – compreendemos, interpretamos – a palavra "todo". Se *todo* poeta é fingidor, e se *todo* fingidor é desonesto, então não há como escapar: *todo* poeta é desonesto. A dedução não deve nada ao mundo real, e por isso não pode ser invalidada ou corrigida pelo que se passa nele; a dedução deve tudo às palavras e ao modo como as interpretamos.

A propósito: nós acabamos de fazer um exercício. Mas que tipo de exercício foi esse? Criamos uma situação hipotética, apenas para ver como as coisas poderiam se passar. Para isso, precisamos de um pouco de imaginação. Foi um exercício, portanto, de imaginação. Uma imaginação, porém, que não dependia de imagens. Uma imaginação feita com o significado das palavras (e esse é, acredite, um dos modos mais fecundos de usar a imaginação).

Mas o significado das palavras é algo escorregadio. Nem sempre elas podem ser usadas com o grau de confiança com que empregamos a palavra "todos" no silogismo *Barbara*. A dedução, nesse sentido, é apenas um caso particularmente favorável – um caso ideal, poderíamos dizer – de argumento.

Argumentos, como já vimos, são usados a toda hora para extrair conclusões e permitir que relacionemos de modo coerente as diversas afirmações que fazemos a respeito da realidade. Com base no estudo que fizemos das deduções, podemos agora aprender algo valioso acerca dos argumentos em geral. Não há nos argumentos nenhuma mágica que vá além das palavras. Não faz sentido procurar por um grau de certeza argumentativa superior àquele que pode ser obtido a partir da interpretação do nosso próprio discurso. Trata-se de um engano achar que a validade da argumentação, qualquer argumentação, reproduza nexos lógicos encontrados na realidade. Os nexos *lógicos* são aquilo, justamente, que *nós* fazemos ao *falar* da realidade.

Podemos reconsiderar, sob esse ângulo, o problema proposto na introdução. Se é óbvio que Aquiles consegue ultrapassar a tartaruga, mas mesmo assim alguém consegue "demonstrar" o contrário, isso revela apenas que estamos nos enrolando nas palavras; que estamos deixando a tartaruga nos enganar! Revela que precisamos prestar mais atenção ao modo como são usadas as palavras da demonstração – e não que a realidade está invalidando um modo de empregá-las, como supuseram o poeta e o professor.

Em tempo: vale a pena pensar quais as consequências, para o problema de obter um catálogo completo das deduções, dessa nova maneira de ver a situação. Será que essa ideia ainda faz sentido?

3. As verdades primeiras – dúvidas e certezas

Retornemos à nossa análise da demonstração. Ainda temos muito a aprender com ela. Você deve lembrar que havia um segundo problema a resolver. Para que uma demonstração pudesse funcionar e conduzir a um conhecimento seguro, não bastava dispor de deduções que permitissem ir caminhando de verdade em verdade, até chegar ao resultado almejado. Era igualmente necessário dispor de um ponto de partida seguro para a caminhada: certas verdades fundamentais, obtidas por algum outro meio que não fosse a demonstração, e usadas como suporte para toda a cadeia de deduções. Porém, como podemos atingir essas verdades primeiras e mais elevadas, que estariam na base de cada uma das ciências e de cada uma de nossas demonstrações?

A solução tradicional, ao longo da história da Filosofia e da ciência, foi apelar para a evidência. Certas verdades seriam "evidentes por si mesmas". Como tais, elas não precisariam, nem sequer admitiriam, nenhuma justificação. Mais especificamente, elas não precisariam ser demonstradas e, por isso mesmo, poderiam servir de base para as demonstrações.

Paradoxalmente – ou deveríamos dizer previsivelmente? –, houve muita divergência a respeito de quais seriam essas "verdades evidentes". Tais divergências apareceram em quase todos os assuntos: da ética às ciências da natureza, da matemática à estética. Uma disputa particularmente relevante, nesse sentido, é aquela que ocorre entre empiristas e racionalistas. Trata-se de uma disputa que se desdobrou, e ainda se desdobra, ao longo de toda a história do pensamento científico e filosófico, opondo dois modos diferentes de abordar a questão do conhecimento.

De um lado, os racionalistas alegam que a principal fonte de verdades evidentes – podemos também falar em "verdades imediatas", "verdades primeiras", "verdades supremas" – é o próprio pensamento humano. Mais precisamente, a razão humana. Em Descartes, por exemplo, vemos surgir toda uma doutrina das "ideias claras e distintas". Infelizmente, não teríamos ocasião aqui de fazer justiça ao grande filósofo francês, expondo seu sistema com o devido cuidado. Para entender um pouco melhor o ponto de vista racionalista, vale a pena considerar um caso mais simples, extraído da geometria. Recordemos então aquele axioma geométrico clássico que diz: "Por dois pontos distintos passa uma e somente uma reta." De onde vem nossa certeza de que esse axioma é verdadeiro?

Temos aqui a impressão de estar na posse de uma verdade indubitável, percebida de maneira anterior e independente a qualquer experiência, pela simples "luz da razão". Ninguém acha que esse axioma depende da observação empírica de vários casos concretos. Mesmo porque, quando desenhamos pontos e retas sobre o papel, a imprecisão dos nossos instrumentos permitiria traçar mais de uma reta para cada dois pontos. O que está em jogo, porém, não são pontos e retas traçados sobre o papel. O que está em jogo são "pontos ideais" e "retas ideais". E é ao considerar de maneira puramente racional esses pontos e retas "ideais" que ficamos convencidos da verdade do axioma em questão. Nós podemos "ver" sua verdade, não com os olhos do rosto, mas com os olhos da razão, iluminados por certa luz racional que, como seres humanos, todos somos capazes de perceber. Para o racionalista, essa luz é o ponto de partida para organizar e compreender o mundo, aí incluído o mundo dos sentidos, com suas verdades concretas e particulares.

Os empiristas, por sua vez, alegam que a principal fonte de "verdades evidentes" são os sentidos. Os "dados sensíveis", esses, sim, forneceriam proposições indubitáveis. A ciência deve ser erguida a partir de observações, e essas observações, descritas da maneira mais simples e direta possível, é que estariam para além de qualquer dúvida. Estou vendo um ponto vermelho agora, bem na minha frente: eis aí uma verdade segura. Se esse ponto é uma mancha de sangue, se é o pôr do sol, se é parte de um mundo composto de átomos ou de um mundo composto de substância contínua, tudo isso já são outros problemas, a serem examinados e resolvidos depois. Para o empirista, o conhecimento encontra seu fundamento indubitável nesses "dados" sensíveis (repare que, nesse contexto, uma coisa "dada" é uma coisa que veio de fora, que não estava na minha própria razão). São eles o ponto de partida para construir e compreender o mundo, aí incluídas as verdades mais abstratas e gerais.

É claro que, ao longo da história, essas duas tendências gerais se desenvolveram sob diferentes roupagens. Sob o influxo uma da outra, elas se combinaram e se reinterpretaram de maneiras bastante sofisticadas, ricas em consequências para a Filosofia e para a ciência. O que nos interessa, porém, não é examinar esse desenvolvimento. Interessa-nos exibir uma dificuldade – diríamos um equívoco – que está na raiz de boa parte dessa disputa, principalmente a partir da filosofia moderna. Fazendo isso, não pretendemos resolver essa longa discussão. Mas talvez consigamos fazer algo igualmente valioso: mostrar que ela pode muito bem ser abandonada, ao menos da maneira como costuma ser posta. Partimos de uma indagação simples:

"Afinal de contas, de onde surgiu a ideia de que deve haver alguma verdade fundamental, evidente por si mesma, a respeito da qual não pode haver dúvidas?"

Parece claro, ao contrário, que toda verdade é fruto de um contexto argumentativo – depende de pressupostos, quadros teóricos, determinada maneira de conceitualizar o mundo (chamamos a isso uma "categorização" do mundo), certo vocabulário descritivo – e, como tal, pode ser posta em dúvida.

Repassemos então nosso caminho. A ideia de "demonstração" envolve, desde seu aparecimento, a busca por alguma forma privilegiada de alcançar conhecimento. Conhecimento seguro, científico. Nesse contexto, vimos que assumem particular importância as "deduções": procedimentos argumentativos de especial rigor, que permitem concluir novas verdades a partir de outras verdades. Contudo, parecia faltar ainda alguma coisa. Para que o conhecimento obtido fosse certo, não adiantava somente usar deduções. Era necessário, além disso, encontrar pontos de partida seguros para as deduções. Era necessário encontrar certas verdades iniciais, absolutamente seguras por si mesmas.

O que está em jogo, porém, é justamente o conceito de "segurança" – ou "certeza" – que faz sentido usar em diferentes contextos. Não se trata de abandonar as exigências mais estritas de rigor, como quem capitula diante de uma dificuldade, ou como quem diz: "Já que é difícil obter certeza, então irei me satisfazer com menos." O que tentaremos fazer é algo bem diverso: uma análise lógica bastante rigorosa a respeito do conceito de "certeza" e, talvez mais importante, a respeito de seu reverso, o conceito de "dúvida".

O que acontece é que, em nossa busca por obter ciência, por alcançar julgamentos verdadeiros, por nos certificarmos de nossa posição no mundo, por alcançar enfim conhecimento – todas elas buscas válidas, e até mesmo inevitáveis –, somos constantemente induzidos a uma falsa imagem daquilo que estamos buscando. Queremos, de alguma maneira, agarrar a realidade; e queremos, de alguma maneira, que ela nos agarre. Queremos agarrar a realidade, e isso confusamente significa: possuir como plenamente nosso algo que, por uma definição que nós mesmos aceitamos, está fora de nós. Também queremos que a realidade nos agarre, e isso confusamente significa: que ela se imponha de algum modo sobre nós, fornecendo-nos um ponto seguro de contato.

Esse tipo de busca adquiriu particular importância na filosofia moderna e, portanto, no quadro intelectual que ainda hoje mais nos influencia. A concepção de "verdade evidente" que aparece nesse período – e que pode ser abordada, segundo vimos, tanto pelo viés racionalista como pelo viés empirista – é justamente a concepção de uma verdade que me "agarra", que me prende com uma força invencível. O sujeito sente-se compelido a aceitar sua evidência, e já não pode resistir. Isso valeria tanto para o axioma geométrico como para os dados sensíveis, e é interessante ver como, na disputa moderna entre racionalistas e empiristas, os dois lados partilham a mesma concepção de "evidência", e muitas vezes não relutam em aceitar as "verdades evidentes" alegadas pelo lado oposto, divergindo apenas no peso conferido a cada lado da balança, bem como na avaliação geral da situação.

Mas será que as coisas se passam mesmo assim?

Será que somos agarrados pela evidência, como uma compulsão que dominasse nosso pensamento, como uma patologia agindo sobre nosso cérebro? Essa é, na verdade, uma ideia bastante estranha. Quando alguém afirma alguma coisa, e nós perguntamos o porquê, não estamos esperando uma descrição dos estados mentais da pessoa nem um relato de suas compulsões. Tal descrição será relevante apenas se estivermos interessados diretamente em conhecer a vida psicológica da pessoa. Afora isso, estamos interessados em saber quais *razões* a pessoa tem para fazer aquela afirmação.

Façamos novamente um exercício. Imaginemos o seguinte diálogo, entre um pensador e um juiz de direito. O pensador pergunta: "Mas por que você acha que essa é a decisão justa?", ao que o juiz responde: "Porque sinto uma compulsão!" A resposta claramente não é aceitável, ou melhor: não era isso o que o pensador queria saber. Aliás, o sistema legal brasileiro exige que o juiz, na sentença, *fundamente* sua decisão – e essa exigência não tem nada que ver com a descrição de seus estados mentais.

O que vale para o caso do juiz vale também para tudo o que podemos dizer. Quando alguém afirma alguma coisa, e perguntamos "Por que você acha isso?" ou "Por que você está certo disso?", as respostas podem ser muitas. Porque estou vendo; porque fulano me contou; porque aprendi assim; porque li no livro de tal autor; porque fiz uma experiência e esse foi o resultado; faça você mesmo a experiência, e verá o mesmo resultado... Ou ainda uma longa explicação que combine algumas das respostas anteriores e muitas outras possíveis, todas elas tramando motivos, circunstâncias, considerações que, de alguma maneira, enriqueçam a afirmação inicial.

O que acontece é que nossas afirmações encontram-se naquilo que podemos chamar de "espaço dialógico das razões". Não se deixe impressionar por essa terminologia, talvez um pouco pomposa. Com ela queremos indicar algo bastante simples. Queremos indicar que, para toda afirmação feita por alguém, outro alguém pode pedir razões que a justifiquem. Isso não significa que estejamos dispostos a dar tais razões, ou mesmo que estejamos em condições de dá-las, mas que, normalmente, *faz sentido* perguntar por elas.

É esse jogo de razões – esse diálogo constante a respeito da realidade – que constitui nossa melhor maneira de agarrar a realidade.

Mas onde isso nos deixa com relação àquelas verdades primeiras, absolutamente seguras, que estávamos procurando como base para as demonstrações? De fato, encontramos aqui uma solução inesperada para nosso problema. As verdades primeiras serão primeiras enquanto não parecer necessário justificá-las com base em outras verdades, ou seja, enquanto não parecer necessário colocar outras verdades antes delas;

e elas serão seguras enquanto não houver razões para duvidar delas, ou enquanto não fizer sentido duvidar delas. (Eis aqui, vale notar, a melhor maneira de compreender o papel dos axiomas, de que falamos algumas páginas atrás.)

O filósofo austríaco Ludwig Wittgenstein deu, já em meados do século XX, uma bonita imagem que nos ajudará a compreender a situação. Segundo ele, as explicações têm, certamente, um fim. Em algum momento, paramos de pedir as razões pelas quais alguém aceita como verdadeira certa afirmação. Mas esse fim é como o fim de uma rua. Ele é fim no sentido de que a rua acaba ali, mas não no sentido de que seja impossível construir outra casa. As explicações também são assim. Seu fim não é absoluto, como se fosse impossível formular ainda outras explicações; mas nem por isso elas deixam de ter fim, como se estivéssemos permanentemente na incerteza. Sempre podemos construir uma nova explicação, mas nem sempre é necessário construir uma. Se alguém ainda duvida das explicações dadas e deseja pedir uma nova explicação, está no seu direito – desde que sua dúvida possa ter algum *sentido*.

Por isso dissemos que seria necessário examinar, com cuidado, os conceitos de "certeza" e de "dúvida". Temos tendência a pensar na certeza como algo mais forte do que nós, para além de nós. Mas agora vemos que esse era não apenas um anseio exagerado, mas também um anseio vazio, carente de significado. O que seria uma certeza desse tipo? As afirmações que fazemos, e que podemos entender na boca de outras pessoas, apoiam-se sempre umas nas outras. E seu valor é inversamente proporcional à dúvida que possamos ter em relação a elas.

Alguém diz que há uma mesa na sala, pois está vendo essa mesa. Essa afirmação terá, normalmente, o peso de uma certeza. Por que não seria uma certeza? No entanto, podem surgir casos estranhos. Estamos dentro de um museu da holografia, e perguntamos: "Tem certeza de que não se trata de um holograma?" Nosso interlocutor responde: "Sim, pois acabei de tocar a mesa." A dúvida, aqui, fazia sentido. E ela faz sentido porque conseguimos entender um caso em que a afirmação poderia ser falsa. Correspondentemente – e isso é ainda mais importante –, nós conseguimos entender as respostas (alguma resposta!) capazes de sanar nossa dúvida.

Aprendemos assim algo verdadeiramente central para enfrentar nosso problema: só faz sentido haver uma dúvida se fizer algum sentido resolvê-la, ou seja, se soubermos minimamente – no plano do significado – onde procurar sua solução. Podemos usar essa ideia para abordar um problema que se tornou famoso na filosofia moderna, o chamado "problema do mundo exterior". Ele aparece na forma de uma dúvida: será que existe mesmo um mundo externo, ou será que eu estou trancado em mim mesmo, e tudo o que vejo, sinto e percebo são projeções de mim, meras alucinações, simples pensamento de uma mente sozinha no Universo? Podemos agora abordar o assunto por um novo ponto de partida. Antes de tentar encontrar uma solução para o problema, indagamos: essa dúvida faz mesmo sentido? Que tipo de resposta eu estou procurando? Que tipo de resposta poderia me satisfazer? Se eu não conseguir falar nada a esse respeito, valeria desconfiar de que essa não é sequer uma dúvida, é um mero jogo de palavras.

4. Conclusão
Um mundo de palavras

Chegamos assim a um ponto muito diferente daquele a que, no início de nossas investigações, talvez esperássemos chegar. A demonstração apareceu para nós como sinônimo de certeza, como esperança de superar definitivamente as trevas da ignorância e atingir um lugar seguro, em que o conhecimento pudesse ficar em repouso. A respeito daquilo que foi demonstrado – assim nos parecia – não há nem pode mais haver discussão. No entanto, acabamos por descobrir que as coisas não se passam bem dessa maneira.

É claro que a demonstração continua a desempenhar um papel importante na tentativa de alcançar descrições verdadeiras da realidade, de alcançar ciência. Uma demonstração, porém, é composta de palavras. Como tal, é apenas um dos movimentos possíveis no complexo labirinto argumentativo em que estamos sempre buscando nos orientar. Trata-se de um movimento bastante convincente, mas nem por isso "definitivo". Sua força depende, como vimos, da aceitação de dois fatores. Em primeiro lugar, da validade dos vínculos lógico-dedutivos entre as premissas e a conclusão; em segundo lugar, da aceitação das premissas como verdadeiras.

No que diz respeito ao primeiro aspecto, tentamos mostrar que a situação não é aquela que as pessoas costumam imaginar. O vínculo lógico que se estabelece entre diferentes proposições não é o reflexo de algo que se encontre no mundo. Não corresponde à descoberta da estrutura profunda da realidade; não fornece uma espécie de raio X de seus aspectos mais gerais. Ele depende do modo como usamos as palavras. Em geral, podemos dizer que a validade lógica de qualquer argumento apoia-se em nada mais do que no compartilhamento das palavras pelos homens, segundo certas regras e padrões. A esse compartilhar nós chamamos de linguagem. Podemos então parafrasear Protágoras (490-420 a.C.): o homem, com seu uso e interpretação da linguagem, é a medida de todos os argumentos.

No que se refere ao segundo aspecto, descobrimos que a aceitação de premissas – isto é: a aceitação de certas proposições como verdadeiras – nunca é definitiva. Também aqui não podemos fazer um "salto para fora dos argumentos" e encontrar uma força qualquer, irresistível, que nos obrigue a "ver" como definitiva a verdade de certas afirmações acerca da realidade. Qualquer afirmação está sempre apoiada em outras afirmações. Está sempre sujeita a dar razões de si mesma, submergindo inevitavelmente em um complexo espaço de significações. Mesmo o "aqui e agora" das sensações, que poderia parecer a verdade mais imediata possível, depende, para ganhar algum sentido, da nossa possibilidade de colocar o "aqui" e o "agora" nesse espaço lógico.

Consideremos o "aqui". O *meu* "aqui". Será ele por acaso um ponto? Onde, exatamente? E de que espessura? Estaria esse ponto "bem no meio" do meu espaço visual? Mas exatamente onde é esse "meio"? Se eu tiver de fazer alguma medição, já estou envolto em uma teia complexa de procedimentos e afirmações. Quanto ao "agora", está a todo momento passando, e não conseguimos fixá-lo. Para dar qualquer sentido determinado à descrição das minhas sensações – um sentido que não seja o mero fugir constante de tudo –, preciso colocar-me no espaço lógico da linguagem. Nesse espaço, os significados se entrelaçam. Cada afirmação depende de muitas outras afirmações.

Percebemos assim que qualquer premissa, por mais evidente que possa parecer, deve ter suas razões, caso seja questionada. Ao entrar para o mundo do significado, ela entra também para o mundo argumentativo, em que a dúvida sempre *pode* surgir. A respeito da dúvida, aliás, desvendamos três aspectos importantes e complementares: que ela sempre pode *surgir*; que ela sempre pode *cessar*; que ela depende, em seu sentido, das possíveis respostas que lhe podem ser dadas, e que vai se diluindo à medida que seu sentido se dilui, ou seja, à medida que, em certo contexto, faz cada vez menos sentido duvidar.

O estudo da demonstração, então, fez emergir um quadro geral de grande valor. Compreendemos que o homem está envolvido em um imenso movimento de razões e contrarrazões. Ou poderíamos dizer: um imenso jogo de "portantos" e "poréns". Os processos argumentativos – em seu sentido mais amplo, relativo à simples possibilidade de perguntar "por quê?" – estão presentes a todo momento em sua vida. Nas conclusões a que chega, nas decisões que toma, nos valores que conferem sentido à sua existência. O homem necessita, portanto (olhe aqui mais um "portanto"!), orientar-se constantemente no ambiente argumentativo. Não há, porém, uma força externa capaz de guiá-lo, como a uma criança. Os argumentos não ganham validade "porque o mundo é assim". Eles ganham validade porque nós os interpretamos como válidos. Porque o homem vai construindo, como seu patrimônio comum, incorporado em suas linguagens, os diversos modos de caminhar por entre os significados. Poderíamos dizer: o homem vai elaborando sua razão. Essa constatação, agora já sabemos, vale mesmo para os argumentos mais fortes, como as demonstrações. Valerá tanto mais para a imensa complexidade de situações da vida.

OUVINDO OS TEXTOS

Texto 1. Aristóteles (384-322 a.C.), *Demonstração e ciência*

Pensamos ter ciência (em sentido próprio) de algo [...] quando julgamos conhecer a causa desse algo, sabendo que tal é de fato sua causa e que ele não pode ser diferente do que é. A ciência é certamente desse tipo. [...] Se há ou não outro tipo de ciência, examinaremos em outra ocasião. O que interessa agora é que conhecer ao modo de ciência é conhecer por demonstração. Por demonstração entendo o silogismo que produz ciência; e por silogismo que produz ciência entendo aquele cuja posse mesma já é para nós ciência. Se, então, o conhecimento de ciência consiste nisso que estabelecemos, é necessário que a ciência demonstrativa tenha por base coisas verdadeiras, primeiras e imediatas, mais conhecidas do que a conclusão, anteriores a ela e causas dela. É dessa maneira, com efeito, que os princípios são apropriados ao que é provado. Pode haver silogismo sem essas propriedades, mas, então, não se tem uma demonstração, pois não se produzirá ciência.

> ARISTÓTELES. *Segundos Analíticos* I, 2, 71b, 9-25.
> Trecho traduzido por Juvenal Savian Filho, com base no texto grego da edição de Pierre Pellegrin: ARISTOTE. *Seconds Analytiques – Organon IV*. Paris: Flammarion, 2005, pp. 66 e 68.

Texto 2. Tomás de Aquino (1225-1275), *A possibilidade de uma demonstração e o caso da eternidade do mundo*

É um artigo de fé que o mundo tenha começado? [...] Parece que não é um artigo de fé, mas a conclusão de uma demonstração. Pois tudo aquilo que foi feito tem um começo de sua duração. Ora, é possível provar por via de demonstração que Deus é a causa eficiente do mundo [...]. Portanto, pode-se provar por via de demonstração que o mundo começou. Respondo: Que o mundo não existiu sempre, só a fé sustenta, e não se pode provar por via de demonstração [...]. A razão disso é que o surgimento do mundo não pode receber demonstração partindo-se do próprio mundo, pois o princípio da demonstração é aquilo que uma coisa é. Ora, cada coisa, considerada segundo sua espécie, abstrai do espaço e do tempo. [...] No entanto, a vontade divina pode manifestar-se ao homem pela revelação, fundamento de nossa fé. Assim, que o mundo tenha começado, é algo em que se crê, não algo que se demonstra ou que se sabe. Essa observação é útil para evitar que alguém, pretendendo demonstrar aquilo que é da fé por meio de argumentos não rigorosos, forneça ocasião de zombaria aos incréus, fazendo-os supor que é por razões desse tipo que acreditamos naquilo que é de fé.

TOMÁS DE AQUINO, *Suma de teologia* I, 46, 2.
Trecho traduzido por Tiago Tranjan, com base no texto latino da Editio Leonina, tal como reproduzido na edição coordenada por Carlos-Josaphat Pinto de Oliveira: TOMÁS DE AQUINO. *Suma teológica* II. São Paulo: Loyola, 2002, pp. 70 e 71.

Texto 3. Guilherme de Ockham (1288-1347), *Conhecimento e demonstração*

Mas deve-se saber de início que, de acordo com o ensinamento de Aristóteles, uma demonstração é um silogismo que produz conhecimento. Ora, essa definição, "silogismo que produz conhecimento", é uma definição que expressa a essência nominal do termo "demonstração". [...] Portanto, considero que todos aqueles que falam de demonstração usando o termo "demonstração" entendem nada mais do que um silogismo que produz conhecimento. Mas, como "conhecimento" é tomado em diferentes sentidos em diferentes lugares, precisamos ver de que modo "conhecimento" é tomado nessa definição. Precisamos reconhecer assim que, ainda que "conhecimento" possa ser tomado de outras maneiras, basta-nos por enquanto indicar que ele é dito de três maneiras. Em uma maneira, conhecer é a apreensão evidente da verdade, e nessa maneira dizemos conhecer não apenas coisas necessárias, mas também coisas contingentes, por exemplo, "Eu sei que você está sentado" e "Eu sei que compreendo e que estou vivo". Na segunda maneira, é chamada de conhecimento a apreensão evidente de uma verdade que não pode ser falsa, e nesse sentido dizemos apenas de coisas necessárias que elas são conhecidas, e não de coisas contingentes. Na terceira maneira, o que se chama conhecimento é a apreensão evidente de uma verdade necessária por meio da apreensão evidente de duas outras verdades necessárias dispostas em figura e modo, de tal forma que essas duas verdades tornam evidentemente conhecida uma terceira verdade, que sem elas seria desconhecida. E essa é a maneira como "conhecer" é tomado na definição anteriormente mencionada. Pois todos os que falam corretamente de demonstração entendem por "demonstração" um silogismo composto de duas premissas necessárias que são conhecidas, por meio das quais é conhecida uma conclusão que, sem elas, seria desconhecida.

GUILHERME DE OCKHAM, *Suma de lógica* III-II: Do silogismo demonstrativo. Trecho traduzido por Tiago Tranjan com base na edição: *Summa Logicae*. Nova York: St. Bonaventurae, 1974, pp. 505 e 506, e em cotejo com LONGEWAY, J. L. *Demonstration and Scientific Knowledge in William of Ockham: a translation of Summa Logicae III-II: De syllogismo demonstrativo*. Notre Dame: University of Notre Dame Press, 2007.

Texto 4. René Descartes (1596-1650), *Método demonstrativo e conhecimento*

> Essas longas cadeias de razões, todas simples e fáceis, das quais os geômetras costumam se servir para chegar até suas mais difíceis demonstrações, tinham-me dado a ocasião de imaginar que todas as coisas que podem recair sob o conhecimento dos homens seguem-se umas das outras da mesma maneira e que, bastando apenas que nos abstenhamos de receber por verdadeira alguma que não o seja, e que sempre observemos a ordem necessária para deduzi-las umas das outras, não pode haver nenhuma tão distante a que afinal não se chegue, nem tão escondida que não se descubra.
>
> DESCARTES, R. *Discurso do método*. Parte II, § 11. Trecho traduzido por Tiago Tranjan, com base na edição de Étienne Gilson: RENÉ DESCARTES. *Discours de la méthode*. Paris: Vrin, 1970, p. 71.

Texto 5. David Hume (1711-1776), *Demonstração e dificuldade*

Não duvido que o mais obstinado defensor da doutrina da divisibilidade infinita prontamente admitirá que esses argumentos são dificuldades, e que é impossível dar-lhes uma resposta perfeitamente clara e satisfatória. Mas aqui vale observar que nada pode ser mais absurdo do que esse costume de chamar de dificuldade aquilo que pretende ser uma demonstração, buscando desse modo eludir sua força e evidência. Não acontece nas demonstrações como nas probabilidades, em que dificuldades podem ter lugar, e um argumento contrabalança outro, diminuindo sua autoridade. Uma demonstração, se correta, não admite nenhuma dificuldade que se lhe oponha; e, se não é correta, é um mero sofisma e, consequentemente, não pode nunca ser uma dificuldade. Ou é irresistível, ou não tem força alguma. Portanto, falar em objeções e respostas, e sopesar argumentos em uma questão como essa, é confessar ou que a razão humana não passa de um jogo de palavras ou que a própria pessoa, que assim fala, não possui capacidade à altura de tais matérias. Demonstrações podem ser difíceis de compreender, devido ao caráter abstrato da matéria; mas jamais podem ter quaisquer dificuldades tais que enfraqueçam sua autoridade quando são compreendidas.

HUME, D. *Tratado da natureza humana*. Livro I, Parte II, Seção II, § 6. Trecho traduzido por Tiago Tranjan, com base na edição de L. A. Selby-Bigge: DAVID HUME. *A Treatise of Human Nature*. Oxford: Oxford University Press, 1978, pp. 31 e 32.

Texto 6. Ludwig Wittgenstein (1889-1951), *Interpretação e compreensão*

Parece-nos como se, ao compreender uma ordem, nós acrescentássemos algo a ela, algo que preenche o espaço entre a ordem e a execução. [...] De maneira que, se alguém dissesse "mas você compreende a ordem, portanto ela não está incompleta", nós pudéssemos responder: "Sim, mas eu a compreendo somente porque acrescentei algo a ela: vale dizer, sua interpretação." Mas o que leva você justamente a *essa* interpretação? Se é a ordem, então ela já era unívoca, pois ordenava essa interpretação. Ou então você acrescentou a interpretação arbitrariamente – nesse caso você não *compreendeu* a ordem, mas sim aquilo que você fez dela.

WITTGENSTEIN, L. *Gramática filosófica*. Parte I, seção I, § 9. Trecho traduzido por Tiago Tranjan, com base na edição de G. E. M. Anscombe, R. Rhees e G. H. von Wright: LUDWIG WITTGENSTEIN. *Schriften 4 – Philosophische Grammatik*. Frankfurt am Main: Suhrkamp, 1969, p. 47.

Texto 7. Ludwig Wittgenstein (1889-1951), *Conhecimento, interpretação e concordância*

Como posso seguir uma regra se, no final das contas, o que quer que eu faça pode ser interpretado como estando de acordo com ela? O que eu preciso saber para poder seguir uma ordem? Existe algum *conhecimento* que faz com que a regra possa ser seguida apenas *desse* modo? Algumas vezes eu preciso *saber* algo, *algumas vezes* eu preciso *interpretar* a regra antes de aplicá-la. [...] A interpretação chega a um fim. É verdade que *qualquer coisa* deixa-se, de algum modo, justificar. Mas o fenômeno da linguagem é baseado na regularidade, na concordância quanto à ação. Aqui é da maior importância que todos, ou a imensa maioria, concordemos em relação a certas coisas. Eu posso, por exemplo, estar bastante seguro de que a cor deste objeto será chamada de "verde" pela maioria quase total dos seres humanos que a virem.

WITTGENSTEIN, L. *Observações sobre os fundamentos da Matemática*. Parte VI, 38. Trecho traduzido por Tiago Tranjan, com base na edição de G. E. M. Anscombe, R. Rhees e G. H. von Wright: LUDWIG WITTGENSTEIN. *Schriften 6 – Bemerkungen über die Grundlagen der Mathematik*. Frankfurt am Main: Suhrkamp, 1974, pp. 341 e 342.

EXERCITANDO A REFLEXÃO

1. Alguns exercícios para ajudar você a compreender melhor o tema *Demonstração e interpretação*:

- **1.1.** Após ler este livro inteiro, volte ao caso da tartaruga de Zenão e tente explicar o paradoxo.
- **1.2.** O que é proposição? Qual a importância desse tipo de enunciado?
- **1.3.** Considerando a possibilidade de uma proposição ser verdadeira ou falsa, como podemos definir o argumento?
- **1.4.** O que é dedução?
- **1.5.** Com base nas definições de proposição e dedução, explique o que queria dizer Aristóteles ao chamar a demonstração de "dedução capaz de produzir conhecimento".
- **1.6.** O que leva a considerar válida uma dedução: a realidade ou as palavras?

1.7. Apresente sucintamente o modo como racionalistas e empiristas trataram o tema das verdades evidentes.

1.8. O que seria o espaço dialógico das razões?

1.9. Como se articula o tema das verdades evidentes com o do espaço dialógico das razões?

1.10. Explique a imagem wittgensteiniana de que o fim das explicações é como o fim de uma rua.

1.11. Por que o tema da existência real do mundo exterior é um bom exemplo para compreender o que é uma dúvida que pode (ou não pode) ser resolvida?

1.12. O vínculo lógico que se estabelece entre diferentes proposições é o reflexo de algo que se encontra no mundo?

1.13. O que torna válido um argumento: o mundo que o comprova ou o fato de o interpretarmos como válido? Justifique sua resposta.

2. Praticando a análise de textos:

2.1. Explique por que, assumida a definição de ciência dada pelo texto 1, torna-se necessário que a ciência demonstrativa tenha por base coisas verdadeiras, primeiras e imediatas, mais conhecidas do que a conclusão.

2.2. Explique por que, de acordo com o texto 2, não se pode demonstrar que o mundo teve um começo.

2.3. Por que, segundo o texto 3, é a terceira definição de conhecimento que opera na definição aristotélica de ciência?

2.4. Por que, de acordo com o texto 4, não poderia haver nenhuma coisa tão distante à qual não se possa chegar, nem tão escondida que não se possa descobrir?

2.5. Por que, de acordo com o texto 5, não faz sentido dizer que uma demonstração correta contém dificuldades a resolver?

2.6. Por que, segundo o texto 6, parece haver uma oposição entre interpretação e compreensão?

2.7. Por que podemos considerar como núcleo do texto 7 a afirmação de que "o fenômeno da linguagem é baseado na regularidade, na concordância quanto à ação"? Justifique sua resposta com base no próprio texto.

DICAS DE VIAGEM

1. Assista aos seguintes filmes, tendo em mente o que aqui dissemos a respeito da demonstração e da interpretação, sobretudo no tocante ao modo como justificamos nossas afirmações e à maneira como penetramos no mundo das palavras:

    1.1. *Hiroshima meu amor* (*Hiroshima mon Amour*), direção de Alain Resnais, França/Japão, 1959.

    1.2. *Doze homens e uma sentença* (*Twelve Angry Men*), direção de Sidney Lumet, EUA, 1957.

    1.3. *O garoto selvagem* (*L'enfant sauvage*), direção de François Truffaut, França, 1969.

    1.4. *O cão dos Baskerville* (*The Hound of the Baskervilles*), direção de Terence Fisher, Reino Unido, 1959.

    1.5. *Rashomon* (*Rashômon*), direção de Akira Kurosawa, Japão, 1950.

2. Na literatura, muitas são as formas como os autores dedicam atenção ao tema do convencimento pela demonstração e pela interpretação da linguagem. Sugerimos as seguintes obras:

- **2.1.** Samuel Beckett, *O inominável*. Trad. Ana Helena Souza. São Paulo: Globo, 2009.
- **2.2.** Lewis Carroll, *Alice no País das Maravilhas* (várias edições).
- **2.3.** Ruth Rocha, *Marcelo, marmelo, martelo*. São Paulo: Salamandra, 2009.
- **2.4.** João Guimarães Rosa, "Famigerado", em *Primeiras estórias*. São Paulo: Nova Fronteira, 2005.
- **2.5.** Bertolt Brecht, *A vida de Galileu* (várias edições).

3. Procure tomar contato com o trabalho de alguns artistas que põem em questão nossa crença em uma maneira habitual de ver a realidade e nossa pretensão de querer agarrá-la e deixar-se agarrar por ela. Por exemplo, sugerimos:

- **3.1.** Maurits C. Escher (grafismo).

    No site *M. C. Escher* é possível ter um contato com o trabalho *Dia e noite*. Veja: http://

www.mcescher.com/gallery/most-popular/day-and-night/

3.2. Geraldo de Barros (fotografia).

No site http://www.geraldodebarros.com/main/?page_id=714 você encontra a série *Foto formas*. No site http://www.geraldodebarros.com/main/?page_id=1111 há a série *Sobras*.

3.3. Kasimir Malevich (pintura).

Pelos motores de busca da internet você pode ter contato com o trabalho de Malevich. Há vários sites em que se encontram, por exemplo, *O amolador de facas*, *Soldado da primeira divisão*, *Quadrado negro (sobre fundo branco)*, *Branco sobre branco*.

LEITURAS RECOMENDADAS

HOFSTADTER, D. *Gödel, Escher e Bach: um entrelaçamento de gênios brilhantes*. Trad. José Viegas Filho. Brasília: UnB, 2001.
Ao misturar lógica, música e artes plásticas, a obra conduz seus leitores por um labirinto de reflexões a respeito da busca humana por descrever e entender o mundo.

PENCO, C. *Introdução à filosofia da linguagem*. Trad. Ephraim F. Alves. Petrópolis: Vozes, 2004.
Introdução acessível aos principais temas de filosofia da linguagem, com excelente seleção de autores.

REBOUL, O. *Introdução à retórica*. Trad. Ivone Castilho Benedetti. São Paulo: Martins Fontes, 2004.
A retórica antiga e moderna é examinada em seu papel ao mesmo tempo de investigadora e produtora das verdades acerca do mundo.

TUGENDHAT, E. & WOLF, U. *Propedêutica lógico-semântica*. Trad. Fernando Augusto R. Rodrigues. Petrópolis: Vozes, 2005.
Estudo rigoroso a respeito das articulações lógicas da linguagem e de seus mecanismos de significação.